BEI GRIN MACHT SICH IHR WISSEN BEZAHLT

AF156998

- Wir veröffentlichen Ihre Hausarbeit,
  Bachelor- und Masterarbeit

- Ihr eigenes eBook und Buch -
  weltweit in allen wichtigen Shops

- Verdienen Sie an jedem Verkauf

Jetzt bei www.GRIN.com hochladen und kostenlos publizieren

Ewgeni Neif

Werbepsychologische Methoden und beabsichtigte Wirkung von Werbung für sportartenspezifische Nahrungsergänzungsmittel auf die Psyche und Emotionen der Konsumenten

GRIN Verlag

Bibliografische Information der Deutschen Nationalbibliothek:

Die Deutsche Bibliothek verzeichnet diese Publikation in der Deutschen National-
bibliografie; detaillierte bibliografische Daten sind im Internet über http://dnb.d-
nb.de/ abrufbar.

Impressum:

Copyright © 2012 GRIN Verlag GmbH
Druck und Bindung: Books on Demand GmbH, Norderstedt Germany
ISBN: 978-3-656-38826-5

Dieses Buch bei GRIN:

http://www.grin.com/de/e-book/210500/werbepsychologische-methoden-und-
beabsichtigte-wirkung-von-werbung-fuer

Hochschule Niederrhein
University of Applied Sciences

Oecotrophologie
Faculty of Food, Nutrition
and Hospitality Sciences

Semesterprojekt

Werbepsychologische Methoden und beabsichtigte Wirkung von Werbung für sportartenspezifische Nahrungsergänzungsmittel auf die Psyche und Emotionen der Konsumenten.

vorgelegt von
Neif, Ewgeni

Inhaltsverzeichnis

Abbildungsverzeichnis

1. Ziel des Projektes

Ziel dieses Projektes ist die Analyse verschiedene Printwerbungen auf die Methoden der Werbepsychologie. Untersucht werden hierbei speziell Printwerbung für Nahrungsergänzungsmittel, die in allen gängigen Sportartenspezifischen Magazinen und Zeitschriften zu finden sind.

2. Einleitung und Fragestellung

Nahrungsergänzungsmittel finden immer mehr Abnehmer in unserer Gesellschaft. Insbesondere die Zielgruppe der Sportler, sowohl Amateure- als auch Professionelle- und Leistungssportler, bedingt durch den Leistungsdruck und der starken Konkurrenz, ist für den Markt besonders lukrativ. Die Nationale Verzehrs Studie 2 aus dem Jahre 2008 belegt den Trend der erhöhten Akzeptanz für Nahrungsergänzungsmittel, zu sehen in Abbildung 1 [0]. Um diesen Trend nutzen zu können, kaufen Hersteller unter anderem immer mehr Werbefläche, mit dem Ziel ihre Zielgruppen möglichst direkt ansprechen zu können. Vor allem die sportartenspezifischen Magazinen und Zeitschriften erweisen sich als geeignetes Medium. Die Fragestellung die sich mir stellt ist ob und inwieweit Werbepsychologische Konzepte und Methoden in den Printwerbungen eingesetzt werden und welche möglichen Auswirkungen damit bezweckt werden.

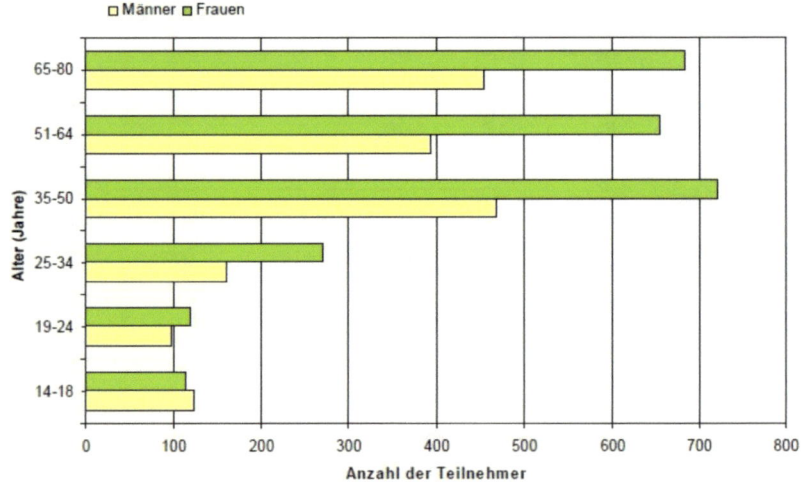

Abb. 5.50: Anzahl der Teilnehmer die Supplemente einnehmen nach Alter und Geschlecht

Abbildung 1: Nationale Verzehrs Studie II

3. Vorgehensweise

Um die Fragestellung, also ob und inwieweit Werbepsychologische Methoden und Konzepte in Printwerbung für Nahrungsergänzungsmittel verwendet werden, beantworten zu können, werden zunächst gängige Methoden und Konzepte der Werbepsychologie mit Hilfe von Fachliteratur definiert. Darüber hinaus werden einige reellen Anzeigen aus den „Muscle & Fitness" und den „GroundandPound Journal" Magazinen ausgewählt und auf die vorher definierten Methoden und Konzepte Analysiert. Aufgrund dessen ist es möglich das Maß an dem sich die Hersteller der Werbepsychologie bedienen darzulegen.

4. Vorstellung der Werbepsychologischen Methoden

4.1 Absichten der Werbung

„Typischerweise versucht Werbung, das Beworbene attraktiv erscheinen zu lassen. Letztlich will sie damit eine bestimmte Einstellung erzeugen, also eine Grundbereitschaft, sich dem Einstellungsgegenstand zu- oder abzuwenden." (Felser G., 2007, S.6). [1]

Damit benennt Felser schon einige Werbepsychologische Methoden indirekt, wie zum Beispiel das Erzeugen einer Grundbereitschaft, die sehr stark von dem Involvement (vgl. Punkt 4.2) abhängig ist oder das attraktive Erscheinen des Beworbenen Gegenstandes und erklärt gleichermaßen die Absichten der Werbeindustrie.

Das Setzen von Kaufreizen ist im Marketing ein fester Bestandteil der Werbung und erfolgt durch zusätzliche Methoden, die im Weiteren erklärt werden.

Diese Kaufreize sind Notwendig, denn „über 85 Prozent der Werbung verpufft wirkungslos, das haben Untersuchungen von 1986 in den USA ergeben." (Schweckendiek, 1990, S.6) [2]

4.2 Involvement der Zielgruppe

Grundvoraussetzung für eine Erfolgreiche Werbestrategie ist das Involvement der potenziellen Kunden. Krugman, 1966 [3] definierte das Involvement als ein Maßstab der inneren Beteiligung. Das Involvement entscheidet in welcher Tiefe und mit welcher Qualität die Informationsverarbeitung stattfindet.

Eine Person mit einem hohen Involvement gegenüber dem Produkt ist eher dazu bereit sich mit zusätzlichen Informationen rund um das Produkt auseinander zu setzen als eine Person mit niedrigem Involvement. Ein niedriges Involvement existiert unter anderem dann wenn der Konsument ein geringes subjektives Kaufrisiko empfindet oder keine Identifikation mit dem in Fragestehenden Produkten stattfindet. [1]

Demzufolge hat der Kunde gegenüber dem Produkt oder der Werbung für das Produkt eine geringe Aufmerksamkeit. Es findet keine absichtliche Suche nach Produktinformationen satt und es herrscht eine relative Gleichgültigkeit gegenüber den Preis- und Qualitätsunterschieden. Aber vor allem ist ein niedrig Involvierter Kunde empfänglicher für eine Emotionale Ansprache als für eine rationale. [1] Dementsprechend sollte bei der Gestaltung von Werbung immer drauf geachtet werden inwiefern die Potenziellen Kunden involviert sind. Zu Anspruchsvolle Werbung setzt immer ein hohes Involvement voraus. Sollen neue Kundenkreise hinzugewonnen werden, muss Werbung auffallend gestaltet werden, mehr emotional als rational.

4.3 Das AIDA-Modell

Das AIDA-Modell beschreibt eine Sequenz von Reaktionen und Verhaltensweisen die sich aus: *attention, interest, desire* und *action* zusammensetzt. Eine erfolgreiche Werbung zeichnet sich nach diesem Modell durch folgende Schritte aus:

1.) Die Aufmerksamkeit des potentiellen Kunden muss gewonnen werden

2.) Das Interesse an dem Produkt muss geweckt werden

3.) Der Kunde sollte einen Kaufwunsch verspüren

4.) Die Werbung sollte die Kaufhandlung initiieren   [1]

4.4 Die USP-Formel

Die Unique Selling Proposition (nach Reeves, 1961) [4] befolgt eine Strategie, in der Werbung nur ein einziges und bestmöglich ein einzigartiges Argument definiert und einsetzt. Einige der bekannteren Werbeslogans sehen beispielsweise so aus:

„Vorsprung durch Technik" **– Audi**

„Spiegel-Leser wissen mehr." - **Der Spiegel**

Das Hauptaugenmerk der USP-Strategie liegt hierbei mehr bei den Bemühungen eine Werbebotschaft einfacher, klarer, prägnanter und zu gestalten, und weniger darin einen Aspekt des Produktes hervorzuheben. [1]

4.5 Techniken der Werbung – Lifestyle & Testimonial Werbung

Shimp, 1976 [5] sowie Kotler & Bliemel, 1995[6], thematisierten verschiedene Arten und Techniken von Werbung. Dabei wurden sechs Grundlegende Techniken der Werbung definiert die alle ergänzender weise genannt werden. Der Fokus soll aber bei der Lifestyle und der Testimonial Werbung liegen, da diese am häufigsten in den ausgewählten Printwerbungen angewendet werden.

Lifestyle: Die Werbung argumentiert mit dem besonderen Nutzen des Produktes, welcher den jeweiligen Lebensstil der Zielgruppe optimal unterstützt.

Testimonial-Werbung: Das Haupt Argument dieser Technik sind „vorzeige" Personen, die mit ihrem Namen oder eventuell mit ihrem Sportlichen oder Beruflichen Erfolg werben oder sogar diesen Erfolg dem Produkt zuschreiben. Einige berühmte Star-Testimonials sind zum Beispiel: Gottschalk, B.Becker. Auch möglich sind sogenannte Experten-Testimonials wie Dr.Best

Slice of life: „Alltags Situation"

Stimmungs- oder Gefühlsbilder: „Marlboro-Cowboy"

Technische Kompetenz: „Technische Neuheiten bzw. Besonderheiten"

Wissenschaftlicher Nachweis : „Neues aus der Blend-a-med-Forschung"

4.6 Gestaltungsprinzipien der Wahrnehmung

In der Psychologie wird die Fähigkeit, Wahrnehmungseindrücke als Ganzes und nicht in Teilen aufzunehmen als Gestaltungspsychologie beschrieben. Die Gestaltungspsychologie legt dem Menschen das Streben nach guter Gestalt zur Grunde. Darunter ist die Ordnung, Prägnanz, Einklang, Harmonie und die sinnvolle Form der Wahrnehmung zu verstehen. Reize in der Werbung, die eine Gute Gestalt erkennen lassen, werden von dem Rezipienten schneller wahrgenommen und identifiziert. Sie prägen sich dementsprechend auch leichter ein. [1]

4.6.1 Figur und Hintergrund

Um eine möglichst gute Wahrnehmung zu ermöglichen, sollten Szenen immer in Figur und Hintergrund eingeteilt werden. Die Figur stellt dabei den Grund der Werbung dar, es ist das worauf es ankommt, heraustritt und prägnante Konturen hat. Der Hintergrund dient dabei als Kontrast und ermöglicht eine leichtere Wahrnehmung der Szene. [1]

4.6.2 Farbe

Farbe steigert die Aufmerksamkeit und hat das Fördern von Kontrasten zur Eigenschaft. In einer bunten Umgebung wird die Aufmerksamkeit mit einem schwarzweißen Gegenstand gewonnen. Jedoch verhindern zu bunte Szenen eine deutliche Figur-Grund-Gliederung und sollten daher von einem Farbton dominiert werden. [1]

4.7 Physische Attraktivität

„Die meisten Menschen wollen attraktiv sein" (Felser, 2007, S.259). Dementsprechend wird vor allem in der Nahrungsergänzungsindustrie mit dem Ziel der Attraktivität gearbeitet. Es spricht das sichere Bedürfnis der Zielgruppe an. Zusätzlich betrachtet Felser physisch attraktive Menschen als besser geeignet eine beeinflussende Kommunikation zu übermitteln als physisch weniger attraktive Menschen. 1985 konnte Patzer [7] in einem Experiment die vertrauenswürdige und sympathische

Wahrnehmung von physisch attraktiveren Modellen in der Werbung nachweisen. Ihnen wurde eher eine Kompetenz gegenüber dem Produkt zugetraut. Festinger & Maccoby, 1964 [8] erklärten die Überzeugungswirkung mit einem gewissen Ablenkungseffekt. Die Modelle binden die Aufmerksamkeit auf ihnen und lenkten von einer angemessenen Verarbeitung der Argumente ab.

5. Analyse der Printwerbung auf die definierten Werbepsychologischen Methoden

Zur Beantwortung der Fragestellung dieses Projektes, müssen nun Printwerbungen auf die im vorangegangen Kapitel definierten Methoden analysiert werden. Als Quelle der Printwerbungen dienen in den jeweiligen Sportarten bekannten Fachzeitschriften. Abbildung 2 und 3 werden in dem GroundandPound Journal gedruckt, eine Fachzeitschrift für die Berichterstattung rund um die Internationalen und Nationalen Kampfsportszene. Abbildung 4 wurden aus der Muscle&Fitness, Juni 2012 entnommen. Die Muscle&Fitness thematisiert das Fitness und Krafttraining, sowohl für den Hobby- als auch für den Leistungs- und Profisportler.

Alle drei Abbildungen, sprechen einen niedrigen Involvement Grad an. Auch wenn man davon ausgehen könnte, dass Leser dieser Fachzeitschriften einen gewissen Grad an Involvement bereits besitzen, sprechen die meisten Printwerbungen die Zielgruppe eher emotional als rational an. Erklären wäre das durch die großen Mengen an Konkurrenz-Werbung. So sind in den meisten Sportartenspezifischen Zeitschriften die Werbungen entweder in Blocks angereiht, in denen auf 2-3 aufeinander folgenden Seiten durchgehend geworben wird, oder es wird in regelmäßigen Abständen von 3-5 Seiten eine Werbung abgedruckt. Dementsprechend muss eine Werbung, um erfolgreich zu sein auffallen.

5.1 Abbildung 2 – „Extreme Body"

Beginnend mit dem **AIDA-Modell** (vgl. 4.3), lässt sich folgendes interpretieren (vergleichend ist Abbildung 2 im Anhang zu finden):

A: Die Aufmerksamkeit des potentiellen Kunden wird durch den Muskulösen Athleten im Vordergrund und der Gladiatoren-Arena im Hintergrund gewonnen

I: Dadurch wird das Interesse an den Produkten, den Nahrungsergänzungsmitteln, abgebildet in der linken unteren Ecke geweckt. Verstärkt wird das Interesse durch den Slogan „Die stärksten Supplements für extreme Kämpfer"

D: Der Kunde soll einen Kaufwunsch durch die Kombination des Sportlers im Vordergrund und den in Verbindungen gebrachten Supplements verspüren

A: Die Kaufhandlung wird durch den Namen des Anbieters inklusive Slogan: „Die Nr.1 für hoch qualitative Sport Ernährungs Produkte" und dem Link zu der Webseite des Vertreibers initiieren

Des Weiteren wurden auch die anderen definierten Methoden berücksichtigt:

Das **USP** (vgl. 4.4)dieser Werbung ist sowohl der Slogan: „Die stärksten Supplements für extreme Kämpfer" also auch: „Die Nr.1 für hoch qualitative Sport Ernährungs Produkte".

Die Urheber dieser Werbung benutzen in diesem Fall die Werbetechnik der **Testimonial Werbung** (vgl. 4.5). Das Hauptargument des „extremen Kämpfer" wird hier durch den Professionellen Kampfsportler Abu Azaitar verkörpert. Dadurch wird die Nutzung der Supplements durch das Modell selber suggeriert und damit eventuell auch eine Notwendigkeit dieser um ebenso erfolgreich zu werden.

Auch bei der Gestaltung der Werbung orientieren sich die Urheber an den **Gestaltungsprinzipien** (vgl. 4.6.1). Diese Werbung entfaltet eine gewisse Ordnung und eine harmonische, in sich stimmige Szene. Passend dazu (der Kampfname des Athleten ist „Gladiator") wurde die Gladiatoren-Arena als **Hintergrund** (vgl. 4.6.2) ausgewählt um den Mixed Martial Arts (MMA) Kämpfer in Vordergrund zu präsentieren. Auch bei der **Auswahl der Farben** (vgl. 4.6.3) wurde auf eine nicht zu bunte und somit unpassende Szene geachtet.

5.2 Abbildung 3 – „Anger"

Auch auf Abbildung 3 (siehe Anhang), ähnlich Abbildung 2, lässt sich das **AIDA-Modell** anwenden:

A: Die Aufmerksamkeit des potentiellen Kunden wird vor allem durch den Kontrast des schwarzen Hintergrundes und dem brennenden Schriftzug gewonnen

I: Das Interesse an dem Produkt, wird durch den Emotionsgeladen Athleten, mit glühenden Augen im Vordergrund und dem brennenden Schriftzug des Produktes auf dem schwarzen Hintergrund gewonnen. Verstärkt wird das Interesse durch den Slogan „Trainingsbooster for fighter" und dem Produkt selbst, welches das Werbemodell in den Händen hält

D: Der Kaufwunsch wird durch die Werbeversprechen geschnürt: Gerade die Kombination von „xplosive Kraft" und „Optimaler Muskelschutz" macht es für den Kunden attraktiv.

A: Die Kaufhandlung wird durch die „Erhältlich in…" Deklaration initiiert.

Auch hier werden neben dem AIDA-Modell auch andere Methoden angewendet:

Das **USP** fasst alle Argumente, abgebildet im weißen Schriftzug in der Mitte, unter dem Slogan „Trainingsbooster for fighter" zusammen.

Neben der **Testimonial** Technik kommt die **Lifestyle** Technik ebenso zur Anwendung. Als Testimonial-Modell dient auch hier ein bekannter MMA-Kämpfer, Peter Sobotta. Der Lifestyle wird durch die Verkaufsfördernden Argumente wie „xplosive Kraft", „Maximale Ausdauer" oder auch „Dopingfrei" dargestellt. Es sind diese Vorteile auf die ein Kampfsportler in seinem täglichen Trainingsleben angewiesen ist. Aufgrund von Dopingkontrollen und vielen oft unerlaubten Zusätzen zu Nahrungsergänzungsmittel bzw. „Trainingsboostern" spielt „Dopingfrei" eine entschiedene Rolle in der Verkaufs Argumentation.

Die **Gestaltungsprinzipien** werden hier in Form von einer einfachen, übersichtlichen und emotionsgeladenen Werbung angewendet. Der dunkle dominierende Farbton ermöglicht ein durch den roten Schriftzug gegebenen Kontrast und setzt das Produkt in den Mittelpunkt.

5.3 Abbildung 4- „Schlank & Sexy, mit L-Carnitine"

Diese Printwerbung stammt aus dem Muscle & Fitness Magazine (siehe Anhang, Abb.4) und wird nur ergänzend und hauptsächlich aufgrund der in Kapitel 4.7 definierten Methode der Werbepsychologie hinzugezogen.

Die **physische Attraktivität** ist das dominierende Verkaufs Argument dieser Werbung. Auch wenn sich hier ebenso das AIDA-Modell oder unter anderem auch die USP-Strategie anwenden lässt, steht die physische Attraktivität im Vordergrund.

Wie bereits in 4.7 diskutiert, möchten die meisten Menschen attraktiv sein. Mit dem Slogan: „Schlank & Sexy" wird die beworbene Produktlinie vermittelt. Unterstützend sollen dazu die physisch attraktiven Modelle als kompetente Experten dienen.

6. Beantwortung der Fragestellung

Die Fragestellung inwieweit Werbepsychologische Konzepte und Methoden bei den Printwerbungen eingesetzt werden und welche möglichen Auswirkungen damit bezweckt werden konnte durch die vorher definierten und gängigen Methoden sowie anhand der Analyse von reeller Printwerbung beantwortet werden.

Überraschenderweise wird überwiegend auf werbepsychologische Konzepte zurückgegriffen. Denn wurden noch vor einigen Jahren Printwerbungen in solchen Fachzeitschriften wie der Muscle & Fitness, ohne jegliche Struktur und mit einem enormen Informationsüberfluss abgedruckt, so werden heutzutage immer mehr Methoden der Werbepsychologie angewendet.

Zurückzuführen ist dies, meiner Meinung nach, auf den stetig wachsenden Markt der Nahrungsergänzungsmittel und damit auch auf die größer werdende Konkurrenz.

7. Quellenverzeichnis

[0] Bundesforschungsanstalt für Ernährung und Lebensmittel: Nationale Verzehrs Studie 2, Karlsruhe, 2008

[1] Felser G.: Werbe- und Konsumentenpsychologie, Spektrum Akademischer Verlag; Auflage: 3. Aufl. 2007

[2] Schweckendiek: AZ Journal. Aktuelle Texte aus der Abendzeitung. 2/ 1990, München: Goethe Institut 1990

[3] Krugman, Herbert E.: The Measurement of Advertising Involvement, Public Opinion Quarterly, 1966

[4] Reeves: Reality in Advertising, New York: Alfred A. Knopf, 1961

[5] Shimp,T.A.: Methods of commercial presentation employed by national television advertisers, Journal of Advertising, 1976

[6] Kotler & Bliemel: Marketing - Management - Analyse, Planung, Umsetzung und Steuerung, Stuttgart: Schäffer + Pöschel, 1995

[7] Patzer, G.L.: The physical attractiveness phenomena. New York: Plenum Press, 1985

[8] Festinger L. & Maccoby N.: On resitance to persuasive communications. Journal of Abnormal Social Psychology, 1964

8. Anhang

Abbildung 2: Extreme Body, GroundandPound Journal

Abbildung 3: Anger, GroundandPound Journal

Abbildung 4: Schlank & Sexy, Muscle & Fitness